FACTVM

DE

THEOPHILE.

ENSEMBLE SA REQVESTE
presentee à Nosseigneurs de Parlement.

M. DC. XXV.

FACVTM,
de Theophile.

*Plaise à Noſſeigneurs de la Cour
auoir pour recommandé le bon
droict de Theophile Viau.*

T conſiderer
par la Cour,
qu'il y a deux
ans qu'il eſt
priſonierpour
auoir fait, comme on pretend,
le Liure intitulé, *le Parnaſſe
des vers Satyriques.*

Pour monſtrer, ſoubs cor-
rection de la Cour, que s'eſt

A ij

vne pure calomnie. La Cour
en premier lieu, remarquera
s'il luy plaiſt, la Sentence que
ledit Theophile a obtenuë
auant l'Arreſt de contumace,
par laquelle partie ouye,
Monſieur le Lieutenant Ci-
uil a condamné le Libraire
qui a imprimé ledit *Parnaſſe*
ſous le nom dudit Theophile, en des amendes, & permis
à luy de faire rompre les ex-
emplaires : ceſte Sentence a
eſté ſignifiee au Scindic des
Libraires, à fin qu'ils n'en pre-
tendent cauſe d'ignorance.

En ſecond lieu, Ledit
Theophile ſouſtient que la
preuue qui eſt au procez ſe
tire de dix teſmoins qui luy
ont eſté confrontez, ne luy

peut , sauf correction de la
Cour preiudicier , quelque
faux tefmoignage qu'ils ayent
peu rendre, & fe iuftifiera que
fe font tous tefmoins prati-
quez par le Pere Voifin &
autres, qui par leur fuppofi-
tion ont fufcité Monfieur le
Procureur general à ietter des
fulminations par toutes les
Eglifes de France.

En troifiefme lieu , Il fe
trouuera qu'vn des princi-
paux tefmoins nommé Sajot,
qui a dit en fon recollement,
que le Pere Voifin l'a induit
à depofer, & qu'il y a douze
ans qu'il l'entretient aux Ef-
colles, & que s'eft fon meil-
leur amy. Et de fait, il fe iuftifiera que le Pere Voifin a

respondu de la pension dudit
Sajot à la ruë Poiree pres le
College de Caluy chez vn
Aduocat. Acte qui est indi-
gne de la qualité qu'il porte,
& ne s'est pas contenté de cela, pour ce que luy & ses con-
freres ont esté ou enuoyez
par toutes les Prouinces du
Royaume pour pratiquer des
tesmoins.

En quatriesme lieu , lors
du recollement il a fait des-
guiser ledit Sajot, & luy a fait
dire qu'il estoit d'Orleans,
bien qu'il est de Boigency,
laquelle supposition & faus-
seté merite vne punition bien
exemplaire.

Quintò, se verifiera aussi
qu'en plusieurs Prouinces on

a desguisé des hommes, di-
sant que c'estoit Theophile,
lesquels faisoient des vers sal-
les & meschans, afin de rejet-
ter sur luy par tels pernicieux
artifices, autres sortes de ca-
lomnies.

Bref, s'il plaist à la Cour
d'oüir le Pere Garasse, tant
sur son liure intitulé, *la Do-
ctrine Curieuse*, que sur ce qu'il
a dit depuis six mois, sur le
fait qui se presente, à quelques Seigneurs, Conseillers
d'Estat, & quelques vns de
Nosseigneurs de la Cour de
Parlement, & à plusieurs autres personnes d'honneur,
comme aussi ouyr le Pere Seguiran sur ce mesme fait, il es-
pere que la Cour verra encor

par leurs auditions entiere-
ment l'innocéce dudit Theophile, & la mauuaiſe proce-
dure de ſes ennemis.

Par ces moyens & autres
qui reſultent de ce qui eſt au
procez, & de ce que la Cour
ſçaura trop mieux ſuppleer
par ſa iuſtice. Conclud ledit
Theophile, à ce qu'il plaiſe à
la Cour l'enuoyer de la fauſſe
accuſation à luy ſuppoſee, ſauf
ſon recours contre les calomniateurs, veu ſa longue deten-
tion & miſerable captiuité, &
la calomnie de l'accuſation.

A NOS-

A NOS SEIGNEVRS
de Parlement.

Vpplie humblement Theophile de Viau, difant qu'il y a deux ans qu'il eſt retenu priſonnier en la Conciergerie de la Cour ſous de fauſſes & calomnieuſes accuſations à luy ſuſcitees par des perſonnes qui ſont cogneuës de tout le monde, leſquelles depuis ledit temps n'ont peu pratiquer que douze teſmoins qui ont eſté con-

frontez audit suppliant à la
requeste de Monsieur le Procureur general. Et pas vn def-
dits tesmoins ne dit auoir veu
ny feu particulierement que
ledit suppliant ait fait ce dont
il est accusé; mais seulement
disent qu'ils ont ouy dire à
d'autres que cela est. De sorte
que la Cour est tres-humble-
ment suppliee à fin de co-
gnoistre la verité de l'affaire
dont est question, d'ouyr ceux
à qui lesdits tesmoins ont
ouy dire que ledit suppliant a
fait ce dont il est accusé & ca-
lomnié.

La Cour est aussi suppliee
de considerer le procedé du
Pere Voisin qui se descouure

au recollement de Sajot, lequel ne se contente pas d'auoir pratiqué les tesmoins: Mais encor il sollicite ouuertement, & fait solliciter, & dit & fait dire qu'il recommande la cause de Dieu, de la saincte Vierge Marie, & de tous les Saincts. Dauantage ledit pere Voisin & ceux de sa Caballe, disent que ledit suppliant est vn Attee. Et pour monstrer que cela est, que depuis son emprisonnement il n'a pas demandé d'estre confessé. A cela ledit suppliant respond qu'on a demandé ceste permission à Monsieur le Procureur general, à la priere du Pere Garasse, ce qu'il refusa,

mefmes au mois d'Auril der-
nier, il fut supplié d'accorder
ce qu'il auoit desia refusé, ledit sieur Procureur general fit
responce qu'il falloit que la
Cour deliberast là dessus.
Tous ces refus ont esté rap-
portez au pere Seguiran en
presence de plusieurs Seigneurs de la Cour à S. Ger-
main en Laye. Si lesdits Pere
Seguiran & Garasse sont
ouys, tant sur le fait de ladite
Confession que sur la preten-
due accusation. La Cour sera
deuëment certioree de la verité du tout.

Ce consideré, Nosseig-
gneurs, & attendu que tout
ce que dessus, comme aussi les

faits aduancez par le fup-
pliant en fon Factum qu'il
employe icy font veritables,
& comme tels il offre de les
verifier. Il vous plaife de vos
graces receuoir iceluy fup-
pliant en fes faits iuftificatifs,
& cependant l'eflargir par
tout, à la charge de fe repre-
fenter, ou bien l'enuoyer ab-
fous de la fauffe & calom-
nieufe accufation à luy fup-
pofee, auec fon recours contre fes calomniateurs, & vous
ferez bien & Iuftice.

www.ingramcontent.com/pod-product-compliance
Lightning Source LLC
Chambersburg PA
CBHW070742280326
41934CB00011B/2775